55 Recettes de Repas pour aider à réduire la Douleur et l'Inconfort de l'Arthrite:

Remèdes de repas naturels pour l'arthrite qui fonctionnent vraiment

Par

Joe Correa CSN

DROITS D'AUTEUR

© 2016 Live Stronger Faster Inc.

Tous droits réservés

La reproduction ou la traduction de toute partie de ce travail au-delà de ce qui est permis par l'article 107 ou 108 de la Loi de 1976 sur le droit d'auteur des États-Unis, sans l'autorisation du propriétaire du droit d'auteur est illégale.

Cette publication est conçue pour fournir des informations précises et fait autorité en ce qui concerne la matière couverte. Elle est vendue avec la compréhension que ni l'auteur ni l'éditeur ne se sont engagés à donner un avis médical. Si des conseils ou une assistance médicale est nécessaire, consulter un médecin. Ce livre est considéré comme un guide et ne doit pas être utilisé en aucune façon préjudiciable à votre santé. Consultez un médecin avant de commencer ce plan nutritionnel pour vous assurer qu'il est bon pour vous.

REMERCIEMENTS

Ce livre est dédié à mes amis et à ma famille qui ont eu des maladies bénignes ou graves pour qu'ils puissent y trouver une solution et faire les changements nécessaires dans leur vie.

55 Recettes de Repas pour aider à réduire la Douleur et l'Inconfort de l'Arthrite:

Remèdes de repas naturels pour l'arthrite qui fonctionnent vraiment

Par

Joe Correa CSN

CONTENU

Droits d'auteur

Remerciements

A propos de l'auteur

Introduction

55 Recettes de Repas pour aider à réduire la Douleur et l'Inconfort de l'Arthrite: Remèdes de repas naturels pour l'arthrite qui fonctionnent vraiment

AUTRES TITRES PAR LE MEME AUTEUR

A PROPOS DE L'AUTEUR

Après des années de recherche, je crois sincèrement en les effets positifs que la bonne nutrition peut avoir sur le corps et l'esprit. Ma connaissance et mon expérience m'ont aidé à vivre en meilleure santé tout au long des années, et j'ai voulu partager ceci avec la famille et les amis. Plus vous en savez au sujet de comment vous nourrir et boire plus sainement, et le plus tôt vous aurez envie de changer votre vie et vos habitudes alimentaires.

La nutrition est un élément clé dans le processus d'être en bonne santé et de vivre plus longtemps, alors n'attendez pas et commencez des aujourd'hui. La première étape est la plus significative et la plus importante.

INTRODUCTION

55 Recettes de Repas pour aider à réduire la Douleur et l'Inconfort de l'Arthrite: Remèdes de repas naturels pour l'arthrite qui fonctionnent vraiment

Par Joe Correa CSN

Il y a 100 millions de formes d'arthrite et la plus courante est l'arthrose, à la suite d'un traumatisme, une infection de l'articulation ou l'âge. Afin de prévenir l'arthrite ou de réduire ses effets, une alimentation saine est nécessaire. Beaucoup de fruits, de légumes, de la graisse de poisson et des noix. Ces aliments représentent une armée étonnante de combattants de l' inflammation. En outre, votre poids sera sous contrôle: pour chaque livre de poids que vous perdez, la charge de votre articulation du genou sera réduite de 4 livres.

Il est important de garder à l'esprit qu'il n'y a pas de truc magique pour se débarrasser de l'arthrite, mais une alimentation saine va certainement aider à combattre l'inflammation et les douleurs articulaires, Renforcer les os et stimuler votre système immunitaire.

Beaucoup de ces ingrédients recommandés pour les personnes atteintes d'arthrite peuvent être trouvés dans les régimes méditerranéens, qui contiennent de l'huile d'olive, du poisson et des légumes. En outre, la vitamine C doit être incluse dans votre alimentation. La raison en est que les antioxydants présents dans cette vitamine peuvent ralentir la progression de l'arthrose. Vous pouvez obtenir cette vitamine dans les fraises, l'ananas, le kiwi, avocat, les oranges ou les pommes.

55 RECETTES DE REPAS POUR AIDER A REDUIRE LA DOULEUR ET L'INCONFORT: REMEDES DE REPAS NATURELS POUR L'ARTHRITE QUI FONCTIONNENT VRAIMENT

1. Super Puissance de Brocoli

Description:

Le brocoli est très riche en vitamines K, C, et en calcium, qui est connu pour ses bienfaits pour la construction des os.

Ingrédients:

- 2 tasses de bouquets de brocoli
- 1 poivron jaune, tranché
- 2 cuillères à café de poudre de chili
- 1 cuillère à café de poudre d'ail
- Sel et poivre au goût
- 1 cuillère à soupe d'huile d'olive extra-vierge

Préparation:

- Préchauffer le four à 400 degrés F (200 degrés C).
- Combiner le brocoli et le poivron dans un bol.

- Saupoudrer la poudre de chili, la poudre d'ail, le sel et le poivre sur les légumes; arroser avec l'huile d'olive et mélanger pour bien enrober.
- Répartir les légumes dans un plat peu profond.
- Faire cuire au four préchauffé jusqu'à ce que les légumes soient tendres et commencent à brunir, 15 à 20 minutes.

Faits nutritionnels:

Calories: 69kcal, Lipides: 3.9g, Glucides: 8g, Protéines: 2.1g, Sodium: 815mg

2. Délice d'Aubergines Croquantes

Description:

Les légumes de morelle, y compris les aubergines, sont comme des centrales électriques puissantes qui luttent contre les maladies et nous donnent une nutrition maximale pour un petit nombre de calories.

Ingrédients:

- 1aubergine, découpée en bandes
- 1/2 tasse de chapelure molle
- 1/8 tasse de fromage râpé Romano
- 1 gousse d'ail, hachée
- 2 brins de persil frais, hachés
- 1/2 cuillère à café d'origan séché
- Sel et poivre au goût

Préparation:

- Préchauffer le four à 400 degrés F (200 degrés C).
- Couper les bande d'aubergine en deux et posez-les sur une plaque à pâtisserie.
- Dans un petit bol, mélanger la chapelure, le fromage Romano, l'ail, le persil, l'origan, le sel et le poivre.
- Saupoudrer sur les bandes d'aubergines et arroser d'huile.
- Cuire au four préchauffé pendant 25 minutes

Faits nutritionnels:

Calories: 169kcal, Lipides: 8,9 g, Glucides: 19g, Sodium: 155mg

3. Les Baies de la Santé

Description:

Des études cliniques récentes ont montré que les régimes alimentaires contenant une abondance de flavonoïdes (une large classe de pigments végétaux) sont associés à des niveaux réduits d'inflammation. Ces composés naturels se trouvent surtout dans les fraises

Ingrédients:

- 2 bottes d'épinards
- 4 tasses de fraises en tranches
- 1/2 tasse d'huile végétale
- 1/4 tasse vinaigre de vin blanc
- 1/2 tasse de sucre blanc
- 1/4 cuillère à café de paprika
- 2 cuillères à soupe de graines de sésame
- 1 cuillère à soupe de graines de pavot

Préparation:

- Dans un grand bol, mélanger les épinards et les fraises.
- Fouetter ensemble les graines d'huile, le vinaigre, le sucre, le paprika, les graines de sésame et de pavot.
- Verser sur les épinards et les fraises.

Faits nutritionnels:

Calories: 255kcal, Lipides: 16g, Glucides: 22,8 g, Sodium: 69 mg

4. Brocolini au Citron

Description:

Un amoureux de brocoli prendra plaisir de ce goût doux-et-aigre! Le brocoli est riche en vitamine K, qui, dans des quantités élevées, peut ralentir la progression de l'arthrose.

Ingrédients:

- 1 tête de brocoli frais, coupé en fleurettes
- 1 cuillère à soupe d'huile d'olive
- 2 cuillères à soupe de jus de citron
- 1 cuillère à café de zeste de citron
- 1/4 tasse amandes effilées blanchies

Préparation:

- Cuire à la vapeur ou faire bouillir le brocoli jusqu'à tendreté, environ 4 à 8 minutes. Drainer.
- Dans une petite casserole, faire fondre l'huile d'olive à feu moyen-doux. Retirer du feu.
- Incorporer le jus de citron. le zeste de citron, et les amandes. Verser sur le brocoli chaud, et servir.

Faits nutritionnels:

Calories: 170 kcals, Lipides 15,2 g, Glucides 7 g, Protéines 3,7 g, Sodium: 107 mg Cholestérol: 31 mg

5. Pommes Flave facile

Description:

La recherche suggère que la consommation d'une certaine quantité de pommes sur une base quotidienne pourrait abaisser le taux de cholestérol, un marqueur clé de l'inflammation dans le sang. "Une pomme par jour garde le docteur loin".

Ingrédients:

- 2 pommes, coupées en dés
- 1 cuillère à café de sucre blanc
- 1/2 cuillère à café de cannelle en poudre

Préparation:

- Placer les pommes dans un bol au micro-ondes; chauffer au micro-ondes pendant 30 secondes. Saupoudrer les pommes de sucre et de cannelle et remuer pour enrober.
- Chauffer les pommes dans le micro-ondes jusqu'à ce qu'elles sient ramollies et chaudes, environ 1 minute de plus.

Faits nutritionnels:

Calories: 255kcal, Lipides: 16g, Glucides: 22,8 g, Sodium: 69 mg

6. Truite au Citron

Description:

Une façon de calmer l'inflammation est avec la médecine votre médecin vous prescrit. Une autre façon est d'ajouter quelques ingrédients anti-inflammatoires clés à votre alimentation. Parmi les combattants les plus puissants de l'inflammation comestibles sont des acides gras essentiels appelés oméga-3 - en particulier les types d'acides gras trouvés dans la truite.

Ingrédients:

- 4 tasses de farine tout usage
- 2 cuillères à soupe de poivre de citron
- 1/2 cuillère à soupe de sel
- 1/2 cuillère à café de thym séché
- 1/2 cuillère à café de poivre de Cayenne
- 1 cuillère à café de poudre d'oignon
- 1/4 tasse de zeste de citron râpé, divisé
- 4 filets truite arc-en-ciel (6 onces)
- 1 citron coupé en quartiers
- 1/2 tasse de jus de citron
- 1/2 tasse d'huile d'olive extra vierge

Préparation:

- Dans un grand bol, mélanger ensemble la farine, le poivre de citron, le sel, le thym, le poivre de Cayenne et la moitié du zeste de citron.
- Mélanger le jus de citron et le zeste de citron restant dans un plat peu profond et laisser tremper les filets de poisson pendant environ 1 minute.
- Faire chauffer l'huile dans une grande poêle à feu moyen.
- Tremper les filets de truite dans le mélange de farine de telle sorte que les deux côtés sont revêtus.
- Secouez les filets en excès et placer dans l'huile chaude.
- Cuire pendant 3 à 4 minutes de chaque côté, jusqu'à ce que brun doré et le poisson peut être effilé avec une fourchette. Jeter le jus de citron restant.

Faits nutritionnels:

Calories: 979kcal, Lipides: 40g, Glucides: 103G, Protéines: 48.6g, Sodium: 2500mg

7. Saumons et Citrons

Description:

Salmon contribue à réduire la douleur et la raideur articulaires ainsi que des signes d'inflammation chez les personnes atteintes de polyarthrite rhumatoïde.

Ingrédients:

- 1 (16 onces) de saumon rouge, égoutté et émietté
- 1 citron, en jus
- 1/2 tasse de raisins secs organiques
- 1 pomme, évidée et émincée
- 1 1/2 branches de céleri, hachée fin
- 1/3 tasse de mayonnaise, ou au goût
- 1/4 cuillère à café flocons de piment rouge écrasés

Préparation:

- Mélanger le saumon rouge et le jus de citron dans un bol en verre; bien mélanger.
- Incorporer les raisins secs dorés, la pomme, le céleri, la mayonnaise, et les flocons de piment rouge; bien mélanger.

Faits nutritionnels:

Calories: 368kcal, Lipides: 20,9 g, Glucides: 21,2 g, protéines: 25g, Sodium: 664mg

8. Sécurité du Saumon et de l'Asperge

Description:

Une tasse d'asperges contient seulement 24 calories. Il est également une excellente source de potassium, la vitamine K, l'acide folique, la vitamine C et A, la riboflavine, la thiamine et la vitamine B6.

Ingrédients:

- 1 livre asperges fraîches, parées et coupées en morceaux de 1 pouce
- 1/2 tasse de pacanes, coupés en morceaux
- 2 têtes de laitue frisée rouge, rincé et déchiré
- 1/2 tasse de petits pois, décongelés
- 1/4 de livre de saumon fumé bio, coupé en morceaux de 1 pouce
- 1/4 tasse d'huile d'olive
- 2 cuillères à soupe de jus de citron
- 1 cuillère à café de moutarde de Dijon
- sel 1/2 cuillère à café de
- 1/4 cuillère à café de poivre

Préparation:

- Apportez une casserole d'eau à ébullition. Placer les asperges dans le pot, et cuire 5 minutes, jusqu'à tendreté. Égoutter et mettre de côté.

- Mettre les pacanes dans une poêle à feu moyen. Cuire 5 minutes, en remuant souvent, jusqu'à ce que légèrement grillé.
- Dans un grand bol, mélanger les asperges, les pacanes, la laitue rouge des feuilles, des pois, et le saumon.
- Dans un autre bol, mélanger l'huile d'olive, le jus de citron, la moutarde de Dijon, le sel et le poivre. Mélanger avec la salade ou de servir sur le côté.

Faits nutritionnels:

Calories: 159kcal, Lipides: 12,9 g, Glucides: 7g, Protéines: 6g, Sodium: 304mg

9. Le saumon au Style Canadien

Description:

Manger du saumon une fois par semaine réduit le risque de polyarthrite rhumatoïde de moitié.

- **Ingrédients:**
- 1/4 tasse sirop d'érable
- 1 cuillère à soupe d'huile d'olive
- 1 gousse d'ail émincée
- 1/4 cuillère à café de sel d'ail
- 1/8 cuillère à café de poivre noir moulu
- 1 livre de saumon

Préparation:

- Dans un petit bol, mélanger le sirop d'érable, l'ail, le sel d'ail et le poivre.
- Placer le saumon dans un plat de cuisson en verre peu profond, et l'enrober du mélange de sirop d'érable.
- Couvrir le plat et laisser mariner le saumon dans le réfrigérateur 30 minutes, en retournant une fois.
- Préchauffer le four à 400 degrés F (200 degrés C).
- Placez le plat de cuisson dans le four préchauffé, et cuire le saumon à découvert 20 minutes, ou jusqu'à ce qu'il se détache facilement avec une fourchette.

Faits nutritionnels:

Calories: 265kcal, Lipides: 12g, Glucides: 14g, Protéines: 23g, Sodium: 633mg

10. Du Saumon Net

Description:

Une option de diner rapide et sain. Faible teneur en calories pour la perte de poids. Le saumon rouge sauvage pêché est un super aliment en raison de sa teneur en acides gras oméga-3. Une recette facile qui vous permet l'ajout d'acides gras oméga-3 essentiels dans votre alimentation.

Ingrédients:

- 1 livre de saumon sauvage capturé, coupé en 4 filets
- 2 oranges, en fines tranches
- 3 / 4 Cuillère de jus d'orange fraîchement pressé
- 2 Cuillères de jus de citron vert fraîchement pressé
- 2 Cuillères d'huile de noix de coco vierge non raffinée, fondue ou d'huile d'olive
- 1 cuillerée de zeste de citron - séché ou 1 Cuillère de zeste de citron frais
- 1 Cuillère de noix de coco ou de sucre de palme ou de miel brut ou de sirop d'érable pur
- Sel grossièrement moulu
- 1 / 4 cuillerée piment chipotle ou de poivre de Cayenne ou de la poudre de chili

Préparation:

- Préchauffer le four à 450º. Trancher deux oranges en tranches très fines, jeter les extrémités, et mettre de côté.
- Presser l'orange et le citron vert avec un presse-agrumes.
- Mesurer 1/4 tasse de jus d'orange frais et 2 cuillères à soupe de jus de citron vert frais et ajouter à un petit bol en verre avec le zeste de citron.
- Incorporer l'huile de noix de coco fondu ou l'huile d'olive et un édulcorant de votre choix, ainsi que le sel et le poivre.
- Tapisser une plaque à pâtisserie de papier sulfurisé. Utiliser un pinceau à badigeonner, brosser un côté de chacun des filets de saumon avec le mélange d'agrumes puis organiser les filets sur le dessus du papier sulfurisé.
- Badigeonner le dessus du saumon avec le mélange d'agrumes.

Faits nutritionnels:

Calories: 275, Lipides: 18g, Glucides: 20g, Protéines: 23g, sodium: 215 mg

11. Salade de Pamplemousse abreuvée

Description:

La Pamplemousse est bien connue pour ses effets bénéfiques chez les patients atteints de polyarthrite rhumatoïde. La consommation quotidienne de pamplemousse a été associée à l'abaissement de l'inflammation due à des maladies inflammatoires.

Ingrédients:

- 8 tasses de pamplemousse réfrigérées, égouttées et jus réservés
- 1/4 tasse de sucre blanc
- trois onces liquides de gin
- 8 feuilles de menthe fraîche, hachée

Préparation:

- Mixer la pamplemousse, 1/2 tasse de jus réservé, et le sucre dans un bol jusqu'à dissolution du sucre.
- Transférer le mélange de pamplemousse dans 8 tasses de service; Verser sur chacune environ 1 cuillère à café de gin.
- Saupoudrer de menthe hachée sur chaque tasse. Garnir chaque tasse avec 1 feuille de menthe.

Faits nutritionnels:

Calories: 139kcal, Lipides: 0,2 g, Glucides: 28.6g, Protéines: 1,4 g, Sodium: 5mg

12. Le Pamplemousse et ses amis

Description:

Le pamplemousse peut être appelé comme l'un des médicaments de la nature en raison de ses avantages énormes pour la santé. Il est connu pour être bénéfique pour la stimulation du système immunitaire. Il est juteuse, acidulée et tarte au goût et est connu pour ses nombreux bienfaits pour la santé. Il est riche en antioxydants et en vitamines diverses comme la vitamine C, la vitamine A, la vitamine K, la vitamine D et la vitamine B complexe.

Ingrédients:

- 2 pamplemousses roses, pelées et sectionnées
- 1 gros avocat bien mûr - pelé, dénoyauté et coupé en dés
- 1 tasse de germes de luzerne
- 1 citron, jus
- 3 cuillères à soupe d'huile d'olive
- 1 pincée de sel
- 1 pincée de poivre noir moulu

Préparation:

- Créer 4 petites salades avec les fruits utilisés

- Mélanger le jus de citron, l'huile d'olive, le sel et le poivre noir dans un petit bol; arroser de vinaigrette sur chaque salade.

Faits nutritionnels:

Calories: 277kcal, Lipides: 20,7 g, Glucides: 25.1g, Protein: 3.8g, Sodium: 7mg

13. Chasseur d'Arthrite

Description:

La texture riche et crémeuse des avocats vient en partie de sa teneur élevée en gras monoinsaturés anti-inflammatoires. Les avocats sont également riches en lutéine caroténoïde. Contrairement à la plupart des fruits, les avocats sont une bonne source de vitamine E, un micronutriment avec des effets anti-inflammatoires. Les régimes riches en ces composés sont liés à une diminution du risque de lésions articulaires vues dans l'arthrose précoce.

Ingrédients:

1 avocat

1/2 cuillère à café d'ail haché

1/2 cuillère à café hachée de racine de gingembre frais

1 cuillère à soupe d'huile d'olive

Préparation:

- Mélanger l'ail, le gingembre et l'huile d'olive; mettre de côté pendant cinq minutes pour permettre aux saveurs de se mélanger.
- Couper l'avocat en deux, et jeter la graine; diviser la sauce entre les moitiés d'avocat.

Faits nutritionnels:

Calories: 164kcal, Lipides: 15g, Glucides: 9.1g, Protéines: 2.2g, Sodium: 157mg

14. Salsa Organique Fraîche de l'été

Description:

Les avocats contiennent plus de 25 vitamines, minéraux et phytonutriments. Ils possèdent des fibres, du potassium, de la vitamine E, des vitamines B, et de l'acide folique. Les avocats sont considérés comme une excellente source de graisses saines lorsqu'ils sont combinés avec un régime pauvre en calories.

Ingrédients:

- 2 cuillères à soupe d'huile d'olive biologique
- 1 cuillère à soupe de jus de Citron Vert frais
- 1/4 tasse de coriandre hachée
- 1/4 cuillerée de sel marin non raffiné
- poivre fraîchement moulu c 1/4
- 2 tasses frais de maïs biologique, couper l'épi
- 2 avocats en dés en 1/2 morceaux
- 2 tasses de tomates cerises, en quartiers
- 1 / 4-1 / 2 tasse de petits dés d'oignon rouge

Préparation:

- Dans un grand bol, fouetter ensemble l'huile d'olive, le jus de citron vert, la coriandre, le sel et le poivre.
- Ajoutez à cela les maïs, l'avocat, les tomates cerises et l'oignon rouge.

- Incorporer délicatement et servir à la température ambiante.

Faits nutritionnels:

Calories: 206.2kcal, Lipides: 15,1 g, Glucides: 18,9 g, protéines: 3.6g

15. Fruit Big Bang

Description:

Les fraises sont naturellement faibles en sucre et ont plus de vitamine C par portion qu'une orange. La vitamine C peut réduire le risque de goutte, d'hypertension artérielle et des problèmes de cholestérol. La recherche a également montré que les femmes qui ont mangé 16 ou plus de fraises par semaine avaient moins de protéines C-réactive (CRP), une mesure de l'inflammation du corps à l'échelle liée aux éruptions d'arthrite et aux maladies cardiaques.

Ingrédients:

- 2 avocats pelés et dénoyautés hachés
- 1 tasse de fraises hachées finement
- ½ jalapeno, épépiné et émincé
- 2 cuillères à soupe de coriandre hachée
- ¼ cuillerée de cannelle moulue
- 1 cuillère à soupe d'huile d'olive biologique
- jus d ½ d'un citron vert
- ¼ cuillerée sel marin non raffiné

Préparation:

- Mélanger tous les ingrédients ensemble et remuer doucement.

Faits nutritionnels:

Calories: 226.8kcal, Lipides: 18,8 g, Glucides: 15,4 g, Protéines: 3,7g

16. Nouilles Végétariennes

Description:

Cette recette Thaï est presque plus facile que de commander un plat à emporter. Elle est tres rapide et délicieuse. Ce repas serait une excellente source de vitamines et de nutriments.

Ingrédients:

- 2 courgettes
- 1 carotte
- 2 oignons verts
- 1/2 tasse de champignons
- 1/2 tasse de chou-fleur
- 1/2 tasse de germes de haricot mungo
- 2 cuillères à soupe d'huile de sésame
- 1 cuillère à soupe de jus de citron
- 1 cuillerée d'ail
- 1 cuillerée de gingembre

Préparation:

- Utiliser un spiralizer (ou mandoline, ou éplucheur) pour créer vos nouilles.
- Ajouter les légumes de votre choix puis arroser de sauce. Ce plat a meilleur gout servi le lendemain, après avoir bien absorbé la sauce.

Faits nutritionnels:

Calories: 369kcal, Lipides: 14,4 g, Glucides: 208g, Protéines: 7.1g, Sodium: 957mg

17. Avocat juteux

Description:

Les avocats sont considérés comme efficaces pour réduire la douleur et l'inflammation chez les personnes qui souffrent d'arthrose et de la goutte.

Ingrédients:

- 1 avocat - pelées, dénoyautées et coupées en dés
- jus d'1 citron vert
- 1 mangue - pelée, épépinée et coupée en dés
- 1 petit oignon rouge, haché
- 1 habanero, épépiné et haché
- 1 cuillère à soupe de coriandre fraîche hachée

Préparation:

- Placez l'avocat dans un bol de service, et mélanger avec le jus de Citron Vert.
- Mélanger la mangue, l'oignon, le poivron habanero, la coriandre et le sel.

Faits nutritionnels:

Calories: 252kcal, Lipides: 15g, Glucides: 33g, Protéines: 3g, Sodium: 204mg

18. La Salade du Matin très tôt

Description:

Une simple salade d'épinards spéciale en ajoutant de l'avocat, des épices et de la coriandre fraîche. Préparez-la, réfrigérer, puis mélanger juste avant de servir.

Ingrédients:

- 3 cuillères à soupe de jus de Citron Vert frais
- 3 cuillères à soupe d'huile d'olive
- 1 cuillère à soupe de coriandre fraîche hachée
- 1 cuillère à café de sucre
- 1/4 cuillère à café de cumin moulu
- 1/4 cuillère à café de sel kasher
- 1/8 cuillère à café de poivre noir
- 1 avocat Hass, pelé, dénoyauté et tranché finement
- 1 petit oignon rouge, tranché finement
- 11 onces de bébés épinards

Préparation:

- Fouetter le jus de citron vert, l'huile, la coriandre, le sucre, le cumin, le sel et le poivre dans un grand bol.
- Incorporer l'avocat et l'oignon rouge.

- Placer les épinards sur le dessus. (Salade peut être préparée et réfrigérée jusqu'à 2 heures à l'avance.) Mélanger juste avant de servir.

Faits nutritionnels:

Calories: 99kcal, Fat: 9g, Glucides: 5g, sodium: 93 mg

19. Soupe de Garbanzos

Description:

Les grains entiers abaissent les niveaux de la protéine C-réactive (CRP) dans le sang. CRP est un marqueur de l'inflammation associée à une maladie cardiaque, au diabète et a la polyarthrite rhumatoïde. Les aliments comme la farine d'avoine, le riz et les grains entiers de céréales brunes sont d'excellentes sources de grains entiers.

Ingrédients:

- 3 cuillères à soupe d'huile d'olive
- 1 tasse d'avoine
- 5 grosses tomates, coupées en deux et tranchées
- 1/3 tasse d'oignon haché
- 1 gousse d'ail hachée
- 3 tasses d'eau, divisée
- 1/2 bouquet de coriandre fraîche
- 2 cuillères à café de granulés de bouillon de poulet
- 1/2 cuillère à café de sel

Préparation:

- Faire chauffer une grande poêle profonde ou mettre au four à feu moyen-doux.
- Versez l'huile d'olive et laisser chauffer.

- Ajouter l'avoine; cuisinier et remuer jusqu'à grillé.
- Dans un mélangeur ou un grand robot culinaire, mélanger les tomates, l'oignon, l'ail, 1 tasse d'eau, et la coriandre. Mélanger jusqu'à consistance lisse.
- Verser dans la poêle avec l'avoine grillée.
- Incorporer les 2 autres tasses d'eau et porter à ébullition.
- Mélanger le sel et le bouillon de poulet. Couvrir et laisser mijoter pendant 15 minutes. Consommez chaud ou tiède.

Faits Nutritionnels :

Calories: 218kcal, Fat: 12.1g, Glucides: 24.6g, Protéines: 5,2g, Sodium: 493mg

20. Guacamole organique

Description:

Les avocats sont le principal ingrédient du guacamole, un aliment populaire et sain couramment utilisé comme une sauce, en tartine ou comme dip.

Ingrédients:

- 2 avocats coupés en deux, dénoyautés, et épluchés
- ½ cuillerée de sel
- ¼ cuillerée de poivre
- ¼ tasse de tomates fraîches, en dés
- ½ citron vert, jus pressé, environ 1 cuillère à soupe
- 2 cuillères à soupe de coriandre fraîche, hachée
- 1 cuillère à soupe d'oignon rouge (facultatif)

Préparation:

- Combiner tous les ingrédients et écraser à la fourchette.
- Servir immédiatement.

Faits nutritionnels:

Calories: 148.9kcal, Lipides: 13,4 g, Glucides: 8.5g, Protéines: 1,8g

21. Barres d'Energie de bananes et de Flocons d'Avoine

Description:

Les bananes sont tout simplement un aliment à consommer en général, mais surtout si vous essayez de faire quelque chose à propos de votre arthrite. Ce mélange de vitamines comprend de l'acide folique, de la vitamine C et de la vitamine B6, qui aident à combattre l'arthrite du dos et garder vos symptômes à un minimum.

Ingrédients:

- 2 tasses de flocons d'avoine
- 2 bananes, purée
- 2 carottes, râpées
- 1 pomme, râpée
- 1 tasse de compote de pommes non sucrée
- 1/2 tasse arachides hachées

Préparation:

- Préchauffer le four à 350 degrés F (175 degrés C). Graisser un plat allant au four 9x13 pouces.
- Mélanger l'avoine, les bananes, les carottes, les pommes, la compote de pommes, et les arachides dans un bol; répandre dans le plat de cuisson.
- Faire cuire au four préchauffé jusqu'à ce que brun doré, environ 20 minutes.

Faits nutritionnels:

Calories: 124kcal, Lipides: 4g, Glucides: 20g, Protéines: 3.6g, Sodium: 10mg

22. Petit déjeuner Smoothie vert aux Bananes

Description:

Ce smoothie est riche en nutriments et en vitamines. Il est également parfait si vous êtes pressé de vous rendre au travail. Pour les personnes souffrant d'arthrite, consommer une banane par jour ne gardera pas nécessairement le médecin loin de vous, mais ça pourrait aider à réduire certains des symptômes graves de cette maladie potentiellement débilitante.

Ingrédients:

- 2 tasses de feuilles de bebe épinards, ou au goût
- 1 banane
- 1 carotte, pelée et coupée en gros morceaux
- 3/4 tasse de yogourt grec sans gras, ou au goût
- 3/4 tasse de glace

Préparation:

- Mettre les épinards, la banane, la carotte, le yaourt, la glace et le miel dans un mélangeur; mélanger jusqu'à consistance lisse.

Faits nutritionnels:

Calories: 367kcal, Lipides: 0.8g, Glucides: 77.4g, Protéines: 18,6 g, Sodium: 168 mg

23. Huile d'olive infusée

Description:

L'huile d'olive extra-vierge a des avantages au-delà d'enrayer une inflammation. Plusieurs études ont montré des avantages pour la santé du cœur, la perte osseuse et des maladies neurologiques.

Ingrédients:

- 2 tasses d'huile d'olive
- 1 cuillère à café de poivre noir moulu grossièrement
- 1 cuillère à soupe de basilic frais haché
- 1/2 cuillère à café de gros sel de mer
- 1 pincée de piment rouge broyé

Préparation:

- Dans un bol moyen, mélanger grossièrement l'huile d'olive, le poivre noir moulu, le basilic, le sel de mer et le poivre rouge.
- Couvrir et réfrigérer le mélange. Laissez reposer environ 1 heure avant de servir.

Faits nutritionnels:

Calories: 239kcal, Lipides: 27g, Glucides: 0.1g, Sodium: 56mg

24. Pistaches Heureuses

Description:

Snackez avec des pistaches pour vous aider à perdre du poids. Les pistaches peuvent également aider à réduire le cholestérol LDL et sont riches en potassium et antioxydants, y compris les vitamines A et E et la lutéine - un composé également trouvé dans les légumes sombres à feuilles.

Ingrédients:

- 2 tasses de pistaches écalées

Préparation:

- Préchauffer le four à 350 degrés F.
- Répartir les pistaches uniformément sur une plaque à biscuits cerclée. Placer dans le four pendant environ 6 à 8 minutes. Elles deviendront très parfumées quand elles sont bien faites.
- Retirer du four et transférer sur une plaque immédiatement.
- Si vous voulez enlever les peaux des pistaches placez-les sur une serviette propre et les frotter. Les morceaux glisseront juste à côté. Il est plus facile de le faire lorsque les pistaches sont chaudes.

- Une fois que les pistaches sont refroidies, vous pouvez les stocker.
- Elles ont un goût succulent dans les recettes quand elles sont grillées.

Faits nutritionnels:

Calories: 170kcal, Lipides: 14g, Glucides: 8g, Protéines: 6g

25. Noix Rosemary

Description:

Avec leur haute teneur en ALA, les noix arrivent en tête en contenu d'oméga-3, et les chercheurs qui étudient leurs effets ont trouvé qu'elles abaissent la protéine C-réactive (CRP), un marqueur de l'inflammation liée à un risque accru de maladies cardiovasculaires et de l'arthrite. Manger des noix régulièrement peut abaisser le cholestérol et réduire la pression artérielle.

Ingrédients:

- 2 tasses de noix
- 2 gousses d'ail, hachées
- 1 cuillère à soupe de miel
- 1 cuillère à soupe d'huile d'olive extra-vierge
- 1 cuillère à soupe de romarin frais haché
- 1 cuillère à café de sel

Préparation:

- Préchauffer le four à 350 degrés F (175 degrés C). Tapisser une plaque à pâtisserie de papier sulfurisé.
- Mélanger les noix, l'ail, le miel, l'huile d'olive, le romarin et le sel dans un bol jusqu'à ce que les noix soient enduites; étaler sur la plaque à pâtisserie préparée.

- Faire cuire au four préchauffé jusqu'à ce que les noix soient légèrement dorées, environ 10 minutes.

Faits nutritionnels:

Calories: 188kcal, Fat: 8g, Glucides: 5,9 g, protéines: 3.9G, Sodium: 291mg

26. Cacahuètes grillées

Description:

Techniquement une légumineuse, les arachides sont la «noix» avec le plus de protéines. Elles sont aussi moins chères que la plupart des noix, de sorte que pour les personnes souffrant d'arthrite qui essaient de gérer leur poids, par exemple, elles font un snack bon marché et comblent l'appétit. Les arachides sont aussi une bonne source de gras monoinsaturés et polyinsaturés, et la recherche montre qu'ajoutées à votre régime alimentaire, elles peuvent aider à abaisser les «mauvaises» lipoprotéines de basse densité (LDL cholestérol) et réduire le risque de maladie cardiaque. Les cacahuètes fournissent environ 12% de vos besoins quotidiens en magnésium, et peuvent aider à maintenir la glycémie sous contrôle.

Ingrédients:

- 1 livre arachides crues, dans leurs coquilles

Préparation:

- Préchauffer le four à 500 degrés F (260 degrés C).
- Mettre les arachides en une seule couche sur une plaque à biscuits et placer dans le four préchauffé.

- Éteindre le four. Laisser les arachides au four pendant 1 heure sans ouvrir la porte. Servez chaud ou à température ambiante.

Faits nutritionnels:

Calories: 322kcal, Lipides: 27,9 g, Glucides: 9.2g, Protéines: 14,6 g, Sodium: 10mg

27. Carottes aux amandes

Description:

Les amandes sont une bonne source de vitamine E antioxydante. Les recherches suggèrent que les acides gras monoinsaturés à partir d'un régime alimentaire d'amande riche abaissent certains marqueurs d'inflammation.

Ingrédients:

- 2 livres de carottes tranchées
- 1 petit oignon, tranché finement
- 1 petit poivron vert, coupé en fines lanières
- 1/2 tasse d'huile végétale
- 1/2 tasse de sucre blanc
- 1/4 tasse de vinaigre blanc distillé
- 2 cuillères à café d'extrait d'amande
- 1 cuillère à café de basilic séché

Préparation:

- Faire bouillir les carottes jusqu'à tendreté, mais croquantes. Retirer du feu, égoutter et placer dans un bol moyen avec l'oignon et le poivre.
- Dans une casserole à feu moyen, mélanger l'huile, le sucre, le vinaigre, l'extrait d'amande et le basilic. Cuire en remuant jusqu'à ce que le sucre soit dissous.

- Verser le mélange d'huile sur le mélange de carotte. Couvrir et réfrigérer 8 heures ou toute la nuit avant de servir froid.

Faits nutritionnels:

Calories: 145kcal, Fat: 9.4G, Glucides: 15,4 g, Protéines: 0,7 g, Sodium: 44 mg

28. Barres de Granola sans Cuisson

Description:

Le lin est l'une des plus riches sources à base de plantes de l'anti-inflammatoire des oméga-3 acides gras ALA. Des études montrent qu'il peut aider a baisser le cholestérol et le LDL et réduire les complications du diabète et les risques de maladie cardiaque. Le Broyage ou la moulure des graines de lin les rend plus faciles à digérer.

Ingrédients:

- 2 tasses de flocons d'avoine
- Les 1 1/4 tasse naturel de beurre d'arachide croquant
- 1 tasse de graines de lin moulues
- 3/4 tasse de miel
- 3/4 tasse de canneberges séchées
- 1/2 tasse de copeaux de chocolat
- 1/4 tasse d'amandes tranchées

Préparation:

- Remuer ensemble l'avoine, le beurre d'arachide, les graines de lin, le miel, les canneberges, pépites de chocolat, et les amandes dans un bol;
- Réfrigérer au moins 1 heure.

- Couper en 12 barres et envelopper chacun individuellement dans une pellicule plastique pour les préserver.

Faits nutritionnels:

Calories: 391kcal, Lipides: 21,3 g, Glucides: 46.1g, Protéines: 10,7 g, Sodium: 136 mg

29. Confiture de graines de Chia

Description:

Les graines de chia sont une excellente source d'anti-inflammatoires, mais leur plus grand avantage est probablement leur teneur élevée en fibres. La fibre nous rassasie, ce qui peut aider à contrôler le poids.

Ingrédients:

- 1/4 tasse de graines de chia
- 1/2 tasse d'eau
- 2 tasses de framboises biologiques
- 1/2 tasse de mûres organiques
- 1/2 tasse de bleuets biologiques
- 2 fraises biologiques, ou plus au goût
- 1/3 tasse de miel, ou plus au goût

Préparation:

- Faire tremper les graines de chia dans l'eau jusqu'à ce que le mélange ait une texture gélatineuse, environ 5 minutes.
- Chauffer les framboises, les mûres, bleuets, fraises, et le miel dans une casserole à feu moyen jusqu'à ce que les baies soient ramollies, environ 15 minutes. Écraser légèrement les baies avec une fourchette ou un pilon.

- Mélanger les graines de chia dans le mélange de baies. Retirer du feu et laisser refroidir pendant au moins 10 minutes.

Faits nutritionnels:

Calories: 70kcal, Fat: 1g, Glucides: 15,3 g, protéines: 1g, Sodium: 2mg

30. Salsa de Sardines

Description:

Une portion de 3 onces de sardines contient environ 1,4 grammes d'acides gras oméga-3 et est une bonne source de vitamine D, qui aide notre corps à absorber le calcium pour construire et maintenir des os solides.

Ingrédients:

- 1 avocat en purée
- 2 feuilles de laitue romaine, hachées
- 1/4 poivron vert, haché finement
- 1 cuillère à café de jus de citron
- 4 tranches de pain français
- 2 cuillères à café d'huile d'olive extra vierge
- 1 boite (4,375 onces) de sardines, égouttées
- 1 boite (14,5 onces) de tomates au basilic, ail et origan – drainées

Préparation:

- Préchauffer le four à 350 degrés F (175 degrés C).
- Combiner avocat, laitue hachée, poivron vert haché, et le jus de citron dans un petit bol.
- Brossez l'huile d'olive extra-vierge sur des tranches de pain et griller au four préchauffé jusqu'à ce que doré, environ 5 minutes de chaque côté.

Faits nutritionnels:

Calories: 275kcal, Lipides: 14,1 g, Glucides: 26g, Protéines: 12,9 g, Sodium: 920mg

31. Cali Smoothie

Description:

Au lieu de presser les jus de fruits et légumes, vous mettez les utilisez en entier, tels qu'ils sont- vous donnant l'avantage supplémentaire des fibres, ce qui aide à nettoyer les artères et lutter contre la constipation. Les fruits et légumes colorés sont également riches en antioxydants. L'ajout de baies ou de légumes verts à feuilles comme les épinards ou le chou frisé peut vous donner de grandes doses de vitamines et de nutriments.

Ingrédients:

- 7 grosses fraises
- 1 yaourt (8 oz) contenant du citron
- 1/3 tasse de jus d'orange

Préparation:

- Placer les fraises place dans un récipient en plastique et congeler pendant environ une heure.
- Dans un mélangeur, mélanger les fraises, le yogourt et le jus d'orange. Mélanger jusqu'à consistance lisse. Verser dans un grand verre et servir.

Faits nutritionnels:

Calories: 281kcal, Lipides: 0.9g, Glucides: 57.4g, Protéines: 12,9 g, Sodium: 155mg

32. Vitabombes

Description:

Les haricots verts agissent comme une source facile pour l'acquisition de vitamines comme A, C, K, B6 et l'acide folique. En termes de minéraux, les haricots verts sont une bonne source de calcium, le silicium, le fer, le manganèse, le potassium et le cuivre.

Ingrédients:

- 1 1/2 livres de haricots verts, parés et coupés en morceaux de 2 pouces
- 1 1/2 tasses d'eau
- 1 cuillère à soupe d'huile d'olive
- 1 cuillère à soupe de sucre
- 3/4 cuillère à café de sel d'ail
- 1/4 cuillère à café de poivre
- 1 1/2 cuillères à café de basilic frais haché
- 2 tasses moities de tomates cerise

Préparation:

- Placer les haricots et l'eau dans une grande casserole. Couvrir et porter à ébullition.
- Mettre à feu doux et laisser mijoter jusqu'à tendreté, environ 10 minutes. Égoutter l'eau, et mettre de côté.

- Incorporer le sucre, le sel d'ail, le poivre et le basilic. Ajouter les tomates et cuire en remuant doucement jusqu'à ce que tout soit tendre.
- Verser le mélange de tomates sur les haricots verts, et mélanger délicatement pour bien mixer.

Faits nutritionnels:

Calories: 122kcal, Fat: 8g, Glucides: 12,6 g, Protéines: 2,6g, Sodium: 294mg

33. Les Stars des Végétables

Description:

La betterave est votre super aliment quotidien. Elles sont une jolie centrale nutritionnelle rose et un excellent exemple de la façon dont la nourriture peut fonctionner comme médicament. Elles sont riches en acide folique, en fer, en magnésium, en manganèse et en phosphore.

Ingrédients:

- 250g betterave cuites trempées dans du vinaigre (non marinées)
- 1 boite d'haricots blancs (de 410g), égouttés et rincés
- 1-2 gousses d'ail écrasées
- 1 petit bouquet de ciboulette fraîche, hachée finement (réserver un peu pour la garniture)
- 3 cuillères d'huile d'olive extra vierge
- Sel de mer et poivre noir fraîchement moulu

Préparation:

- Hacher les betteraves en petits dés, mettre de côté dans un bol moyen.
- Dans un blitz de robot culinaire mettre les haricots blancs avec l'ail, la ciboulette et l'huile d'olive.
- Assaisonner au goût avec du sel de mer et du poivre noir fraîchement moulu.

Faits nutritionnels:

Calories: 180kcal, Lipides: 16g, Glucides: 6g, Protéines: 3g, sodium: 880 mg

34. Chou Frisé a l'ail

Description:

En plus d'être couronné comme le «roi des verts", le chou frisé pourrait aussi être nommé comme le roi de la vitamine A. Par rapport à tout autre légume à feuilles vertes, le chou frisé a plus de 100 pour cent du quotidien en vitamine A et C dont la personne moyenne a besoin. Le chou frisé est souvent comparé à des oranges en raison de sa richesse en vitamines.

Ingrédients:

- 1 bouquet de chou frisé
- 2 cuillères à soupe d'huile d'olive
- 4 gousses d'ail, hachées

Préparation:

- Déchiqueter les feuilles du chou frisé des tiges épaisses en petits morceaux ; jeter les tiges.
- Faire chauffer l'huile d'olive dans une grande casserole à feu moyen.
- Cuire en remuant l'ail dans l'huile chaude jusqu'à tendreté, environ 2 minutes.
- Ajouter le chou et poursuivre la cuisson et remuer jusqu'à ce que le chou devienne vert clair et fanée, environ 5 minutes de plus.

Faits nutritionnels:

Calories: 120kcal, Lipides: 7.5g, Glucides: 12,2 g, protéines: 3.9G, Sodium: 49mg

35. Steaks de Chou-fleur Primaux

Description:

Ajoutez un peu de couleur à votre chou-fleur avec le curcuma. Plusieurs études récentes montrent que le curcuma a des propriétés anti-inflammatoires et modifie les réponses du système immunitaire. Ces steaks de chou-fleur sont faciles à préparer et feraient un excellent plat de côté végétarien ou plat principal.

Ingrédients:

- 1 grand chou-fleur (environ 1,2 kg)
- 1/4 tasse huile d'olive extra vierge, un peu plus pour la friture
- 1 cuillère à café de curcuma moulu
- feuilles de curry frites, pour servir
- 1piment rouge émincé frit, pour servir

Préparation:

- Préchauffer le four à 340F ventilateur forcé. Couvrir 2 plaques de cuisson avec du papier.
- Couper le chou-fleur en quatre tranches de 1.5cm d'épaisseur, en laissant la base intacte. Cuire les steaks dans de l'huile d'olive extra vierge pour 2-3 minutes de chaque côté ou jusqu'à ce que doré.

- Fouetter l'huile d'olive avec le curcuma dans un bol jusqu'à bien combinés. Badigeonner les steaks.
- Rôtir le chou-fleur au four pendant 12-15 minutes ou jusqu'à ce que tendre et croquant.

Faits nutritionnels:

Calories: 161kcal, Lipides: 15g, Glucides: 7g, Protéines: 2.4g, Sodium: 30.8mg

36. Dip d'Olives

Description:

Bien que techniquement un fruit et ne se trouve pas dans l'allée des produits alimentaires, les olives et l'huile d'olive peuvent être des combattants puissants de l'inflammation. L'Olive contient des composés ayant des propriétés anti-inflammatoires. Ces composés peuvent atténuer ou éteindre 100 gènes qui sont causes d'inflammation.

Ingrédients:

- 1 boite (4 onces) piments verts hachés, égouttés
- 1 oignon, haché
- 1 pot d'olives vertes (5 onces), hachées (réserver la saumure)
- 1 boite d'olives noires hachées (6 onces)
- 1 1/2 tasse de fromage râpé Cheddar
- poivre noir moulu au goût
- Sel aillé au goût
- 2 tomates rouges fraîches, hachées

Préparation:

- Réfrigérer un bol de service dans le congélateur pendant que vous faites la salsa.

- Dansun autrebol, mélanger les piments verts hachés, l'oignon, les olives vertes et les olives noires.
- Mélanger légèrement avec le fromage Cheddar et les tomates; assaisonner au goût avec le sel d'ail et le poivre noir. Si vous le souhaitez, mélanger un peu de la saumure d'olive.
- Servir dans le bol refroidi.

Faits nutritionnels:

Calories: 42kcal, Lipides: 3.2g, Glucides: 1.9g, Protéines: 1,8g, Sodium: 253mg

37. Chips Rondes Veggie

Description:

Les chips de courgettes faites au four ont le même gout que si elles etaient frites, mais ils sont cuites au four et étonnamment croustillant. Ces chips sont un substitut sain aux frites. Les courgettes sont riches en vitamines A et C ainsi qu'en antioxydants.

- **Ingrédients:**
- 3 petites courgettes, coupées en rondelles de ¼ pouce
- 2 cuillères à soupe d'huile d'olive
- ½ tasse chapelure assaisonnée italienne
- 2 cuillères à soupe de fromage parmesan râpé
- 2 cuillères à café d'origan frais

Préparation:

- Préchauffer le four à 350 degrés F (175 degrés C).
- Placer les courgettes dans un bol. Arroser d'huile d'olive et remuer pour enrober; ajouter la chapelure et remuer pour bien les couvrir.
- Placez les courgettes sur une plaque à pâtisserie. Saupoudrez-les de fromage parmesan et d'origan.
- Faire cuire au four préchauffé jusqu'à ce que les courgettes soient tendres et que le fromage soit doré, environ 15 minutes

Faits nutritionnels:

Calories: 92kcal, Fat: 2g, Glucides: 14g, Protéines: 6g, sodium: 340 mg

38. Cresson Kung-Fu

Description:

Le fer est important dans la prévention de l'anémie et de nombreuses personnes atteintes d'arthrite sont anémiques. Le cresson est une des bonnes sources de fer.

Ingrédients:

- 1/2 tasse de canneberges séchées hachées
- 1/4 tasse de vinaigre de vin rouge
- 1/4 tasse de vinaigre balsamique
- 1 cuillère à soupe d'ail haché
- 1 1/4 cuillères à café de sel
- 1 tasse d'huile d'olive extra vierge
- 6 bouquets de cresson - rincés, séchés et parés
- 3 bulbes de fenouil - garnies, épépinées et tranchées finement
- 3 petites têtes radicchio, évidées et hachées
- 1 demi tasse de noix de pécan, grillées

Préparation:

- Dans un bol, mélanger les canneberges, le vinaigre de vin rouge, le vinaigre balsamique, l'ail et le sel. Incorporer l'huile d'olive.
- Dans un grand saladier, mélanger le cresson, le fenouil, le radicchio et les noix de pecan. Incorporer

la vinaigrette et verser sur la salade. Bien mélanger et servir de suite.

Faits nutritionnels:

Calories: 178kcal, Lipides: 15,4 g, Glucides: 8,9 g, protéines: 3.1g, Sodium: 202 mg

39. Flocons d'Avoine OMG

Description:

Les acides gras oméga-3 sont un ingrédient clé pour aider à réduire l'inflammation de l'arthrite et d'autres problèmes articulaires, mais en absorber assez tous les jours peut être difficile. Ce gruau a bon goût et vous donne la moitié de vos besoins quotidiens en oméga-3.

Ingrédients:

- 1 tasse de flocons d'avoine biologique
- 1 tasse d'eau filtrée
- 2 cuillères à soupe d'un medium acide (yaourt, jus de citron, vinaigre de cidre, babeurre)
- ½ cuillère à café de sel marin non raffiné

Préparation:

- Ajouter 1 tasse d'avoine, de l'eau, et le medium acide dans un bol en verre et bien mélanger. Couvrir et laisser reposer toute la nuit sur le comptoir (au moins 7-8 heures).
- Dans la matinée, ajouter une autre tasse d'eau filtrée et le sel marin non raffiné, bien mélanger.
- Mettre sur feu doux et cuire pendant 5 minutes.
- Servir avec une généreuse portion de beurre et de crème.

Faits nutritionnels:

Calories: 153kcal, Fat: 3g, Glucides: 28,3 g, protéines: 5.1g, Sodium: 202 mg

40. Pain de Citrouille et Noix de Coco

Description:

Les citrouilles sont une excellente source de bêta-crypto xanthine, un puissant anti-inflammatoire. Cet antioxydant est mieux absorbé lorsqu'il est associé à une matière grasse. Les peaux de citrouille sont comestibles ce qui rend la préparation de ce pain très facile!

Ingrédients:

- 4 oeufs
- 3/4 tasse de citrouille en conserve organique
- 1/4 tasse d'huile de noix de coco (fonde et refroidie)
- 1 cuillère à soupe de miel brut
- 1/2 cuillère à café de sel marin non raffiné
- 1/4 cuillère à café de bicarbonate de soude
- 3/4 tasse de farine de noix de coco
- 1 cuillère à café de cannelle
- 1 cuillère à café épices pour citrouille

Préparation:

- Mettre ensemble les ingrédients humides: les œufs, la citrouille, l'huile de noix de coco refroidie, le miel et bien mélanger le tout.
- Dans un autre bol, mélanger les ingrédients secs: le sel, le bicarbonate de soude, la farine de noix de coco, la

cannelle, les épices de citrouille et la noix de coco râpée.
- Mélanger les ingrédients humides et secs et remuer jusqu'à ce qu'il n'y ait plus de grumeaux.
- Verser dans un moule à pain graissé et cuire au four à 350 ° F pendant 40-45 minutes.

Faits nutritionnels:

Calories: 225.3kcal, Lipides: 14g, Glucides: 14,4 g, protéines: 7.3g

41. Smoothie de Framboise

Description:

Vous cherchez un petit déjeuner rapide et facile qui soit plein de vitamine C? Essayez un smoothie. Vous pouvez le faire en avance et le garder dans le réfrigérateur. Il suffit de le prendre avant de sortir. Pour un apport en sucre moindre, utilisez un yaourt non sucré.

Ingrédients:

- 350g de framboises fraîches
- 1 tasse de fraises fraîches, décortiquées, grossièrement hachées
- 1 1/2 tasse (environ 180g) de yaourt nature
- 1 tasse de lait

Préparation:

- Mettre les fraises, les framboises, le yaourt, et le lait dans un mélangeur.
- Mélanger jusqu'à consistance lisse. Verser dans des verres.
- Servir.

Faits nutritionnels:

Calories: 160.3kcal, Lipides: 4g, Glucides: 22g, Protéines: 6g, Sodium: 65.83mg

42. Les Secrets du Gingembre

Description:

Non seulement le gingembre a tres bon gout dans ces boissons rapides et faciles, mais il est aussi un excellent anti-inflammatoire, aidant à soulager la douleur de l'arthrite.

Ingrédients:

- 1 tasse de jus d'orange réfrigéré
- 1 tasse de jus de pomme glacé
- 2 cuillères à soupe de cordial de bière de gingembre
- 1 cuillère à soupe de feuilles hachées de menthe fraîche
- 4 fraises, coque, grossièrement hachées
- 2 tasses de limonade glacée
- cubes de glace, pour servir

Préparation:

- Mélanger le jus d'orange, le jus de pomme et le cordial dans un grand bol.
- Placez dessus la menthe, les fraises, la limonade et la glace. Bien mélanger.
- Servir.

Faits nutritionnels:

Calories: 95kcal, Glucides: 22g, Proteines: 1g, Sodium: 28.3mg

43. Sauce aux Canneberges

Description:

Le jus de canneberge est capable de bloquer cette bactérie de croissance et de multiplication; les chercheurs croient que les patients dans les premiers stades de la polyarthrite rhumatoïde peuvent bénéficier d'une forte consommation de jus de canneberge.

Ingrédients:

- 12 onces de canneberges
- 1 tasse de sucre blanc
- 1 tasse de jus d'orange

Préparation:

- Dans une casserole de taille moyenne, à feu moyen, faire fondre le sucre dans le jus d'orange.
- Incorporer les canneberges et cuire jusqu'à ce que les canneberges commencent à éclater (environ 10 minutes). R
- Eetirer la sauce du feu et placer dans un bol. La sauce aux canneberges épaissira en refroidissant.

Faits nutritionnels:

Calories: 95kcal, Lipides: 14g, Glucides: 24g, Protéines: 7.3g

44. Ananas Délicieux au Miel

Description:

L'ananas contient stimule le système immunitaire a cause de son contenu en vitamine C. Il fournit également une enzyme clé appelée la bromélaïne, qui est bourrée de substances anti-inflammatoires qui peuvent aider à réduire l'enflure des articulations liée à l'arthrite rhumatoïde.

Ingrédients:

- 4 tranches d'ananas frais
- 2 cuillères à soupe de miel
- 1 cuillère à café de jus de citron

Préparation:

- Pour mariner: Mélanger le miel, un peu de cognac et le jus de citron dans un plat en verre non poreux ou un bol. Mélanger et ajouter l'ananas; bien enrober avec le mélange de marinade. Couvrir le plat et laisser mariner au réfrigérateur pendant 1 heure.
- Préchauffer le gril à feu moyen et huiler légèrement la grille.
- Retirer l'ananas du plat ou du bol, jeter toute marinade restante.

- Placez les quartiers d'ananas directement sur la grille ou dans un panier et griller pendant environ 10 minutes, en tournant, jusqu'à ce que l'ananas soit bien chaud et caramélisé.

Faits nutritionnels:

Calories: 59kcal, Fat: 0,1, Glucides: 11,8 g, Protéines: 0,3g

45. Ananas Senior

Description:

L'ananas est riche en magnésium, manganèse et une enzyme vitale connue sous le nom de bromélaïne. Il contient également du cuivre, du potassium, de la vitamine B1, de la vitamine B6, des fibres alimentaires, de l'acide folique et de l'acide pantothénique.

Ingrédients:

- 1 tasse de sucre brun
- 2 cuillères à café de cannelle moulue
- 1 ananas - pelé, épépiné et coupé en 6 pointes

Préparation:

- Préchauffer un gril extérieur sur feu moyen-vif et huiler légèrement la grille.
- Fouetter le sucre brun et la cannelle dans un bol. Verser le mélange de sucre dans un grand sac en plastique refermable. Placez des tranches d'ananas dans le sac et secouer pour enrober chaque tranche.
- Griller les tranches d'ananas sur le gril préchauffé jusqu'à ce qu'elles soient bien chaudes, 3 à 5 minutes de chaque côté.

Faits nutritionnels:

Calories: 225kcal, Lipides: 0,3g, Glucides: 66g, Protéines: 1.3G, Sodium: 13mg

46. Dîner de Bar

Description:

Manger plus d'une portion de tous les types de poissons chaque semaine pour un minimum de 10 ans permettra de réduire le risque d'arthrite de 29%!

Ingrédients:

- Jus d'1 citron
- 3 cuillères à soupe d'huile d'olive
- 2 cuillères à soupe de persil frais haché
- 1 pincée de flocons de piment rouge
- 1 pincée de Sel
- 1 livre de filet de bar rayé sauvage sans peau

Préparation:

- Fouetter ensemble le jus de citron, l'huile d'olive, le persil, les flocons de piment et le sel dans un bol. Ajouter les filets de basse; mariner pendant 10 minutes.
- Préchauffer un gril extérieur sur feu moyen-vif et huiler légèrement la grille.
- Mettre le bar sur le gril préchauffé jusqu'à ce que le poisson s'enlève facilement avec une fourchette, à environ 5 minutes de chaque côté. Jeter tout reste de marinade.

Faits nutritionnels:

Calories: 226kcal, Fat: 15.5g, Glucides: 3.1g, Protéines: 21,8 g, Sodium: 179 mg

47. Héritage de Poires

Description:

Une poire contient jusqu'à 11 pour cent de notre apport quotidien recommandé de vitamine C et 9,5 pour cent de notre apport quotidien recommandé en cuivre. On dit que les poires ont également plus de nutriments par calorie que de calories par nutriment.

Ingrédients:

- 1 poire mûre - pelée, épépinée et hachée
- 1/2 tasse de vin blanc
- 1 gousse d'ail, hachée
- 2 cuillères à café de moutarde de Dijon
- 1/4 tasse de vinaigre balsamique blanc
- 1 cuillère à café de poivre noir moulu
- 1/4 cuillère à café de sel de mer
- 1/2 tasse d'huile d'olive

Préparation:

- Mélanger la poire, le vin blanc, l'ail, la moutarde de Dijon, le vinaigre balsamique blanc, le poivre noir et le sel de mer dans un mélangeur et bien mélanger; arroser l'huile d'olive dans le mélange dans un mince filet tout en continuant à mélanger.

- Mélanger quelques secondes de plus jusqu'à ce que la vinaigrette soit bien épaisse et crémeuse.

Faits nutritionnels:

Calories: 101kcal, Fat: 9g, Glucides: 3.6g, Protéines: 0.1g, Sodium: 60mg

48. Gingembre Japonais Mariné

Description:

Gardez-vous le gingembre dans votre armoire à épices? Il faudrait peut-être se trouver dans votre armoire à pharmacie. En plus d'être une épice souvent utilisée pour améliorer le plaisir des vacances, le gingembre peut soulager les maux d'estomac et diminuer les nausées, et les études montrent qu'il peut également aider à la douleur et l'inflammation.

Ingrédients:

- 125g de gingembre frais, pelé
- 1 cuillère à café de sel
- 60ml (1/4 tasse) de vinaigre de vin de riz
- 60ml (1/4 tasse) d'eau
- 55g (1/4 tasse) de sucre en poudre

Préparation:

- Tranchez le gingembre en fines lanières. Transférer dans un bol et saupoudrer de sel. Bien mélanger. Mettez de côté pendant 30 minutes pour permettre au sel d'extraire l'excès de liquide.
- Incorporer le vin de vinaigre de riz, l'eau et le sucre dans une petite casserole à feu moyen jusqu'à ce que le sucre soit dissous.

- Augmenter la chaleur sur haut. Porter à ébullition. Verser le mélange de vinaigre sur le gingembre.
- Mettez de côté pendant 5 minutes pour refroidir légèrement. Bien fermer et placer au réfrigérateur pendant 24 heures pour développer les saveurs.

Faits nutritionnels:

Calories: 16kcal, Glucides: 3.5g

49. Etincelle de Pastèque & Gingembre

Description:

Les propriétés anti-inflammatoires aident à soulager la douleur et améliorer la fonction pour tous les types d'arthrite. Mélanger le gingembre et la pastèque ensemble et faire un bon usage.

Ingrédients:

- 1kg pastèque sans pépins, la peau enlevée, coupé en morceaux
- 2 tasses de cubes de glace
- 1/4 tasse de feuilles de menthe fraîche
- 2 cuillères à soupe de sucre en poudre
- 1 cuillère à café de gingembre frais finement râpé

Préparation:

- Placer la pastèque dans un mélangeur. Mélanger jusqu'à ce que finement haché.
- Ajouter de la glace, feuilles de menthe, le sucre et le gingembre. Mélanger jusqu'à ce que la glace est écrasé.
- Verser dans des verres et servir immédiatement.

Faits nutritionnels:

Calories: 114kcal, Fat: 1g, Glucides: 24g, Protéines: 1g, Sodium: 5.31mg

50. Oignons à la vinaigrette

Description:

Les oignons sont faibles en calories, n'ont pratiquement pas de graisse et sont chargés de composants sains qui combattent l'inflammation dans l'arthrite et les conditions relatives. Un flavonoïde connexe trouvé dans les oignons, appelé quercitrine, a montre qu'il peut inhiber l'inflammation.

Ingrédients:

- 1 oignon rouge, haché
- 1/2 tasse de vinaigre de vin rouge
- 3 cuillères à soupe de vinaigre blanc distillé
- 1 1/2 cuillères à soupe de sel
- 1 cuillères à café de sucre blanc

Préparation:

- Apportez l'oignon, le vinaigre de vin rouge, le vinaigre blanc, le sel, et le sucre à ébullition dans une casserole à feu moyen-élevé.
- Retirer du feu et laisser infuser le mélange jusqu'à ce que l'oignon soit tendre, environ 20 minutes.

Faits nutritionnels:

Calories: 19kcal, Lipides: 0g, Glucides: 4.5g, Protéines: 0,2 g, Sodium: 1745mg

51. Granitas aux deux tons

Description:

Comment faire un dessert frais durant un en été chaud et être en bonne santé et diminuer votre douleur arthritique? Nous allons battre la chaleur et la douleur avec ce granité de raisin doux.

Ingrédients:

- 500g de raisins rouges, cueillis
- 500g raisins verts, cueillis
- 750ml (3 tasses) d'eau
- 270g (1/4 tasse) de sucre en poudre

Préparation:

- Mettre les raisins rouges dans la cruche d'un mélangeur et mélanger jusqu'à ce qu'ils deviennent de la purée.
- Verser dans une passoire fine posée sur un bol moyen, en appuyant doucement avec le dos d'une cuillère pour extraire le plus de liquide possible. Jeter les peaux et les pépins. Répétez avec les raisins verts.
- Mélanger l'eau et le sucre dans une casserole à feu doux.

- Cuire, en remuant, pendant 2-3 minutes ou jusqu'à ce que le sucre se dissolve. Augmenter le feu à moyen-vif et porter à ébullition. Laisser mijoter pendant 8-10 minutes ou jusqu'à ce que le sirop épaississe légèrement.
- Retirer du feu et mettre de côté pendant 10 minutes pour refroidir.
- Ajouter la moitié du mélange de sucre dans le jus de raisin rouge et le mélange de sucre restant au jus de raisin vert.
- Verser dans des contenants hermétiques séparés et couvrir avec des couvercles.
- Placer au congélateur pendant 3-4 heures ou jusqu'à ce que des cristaux de glace se forment sur les bords. Utiliser une fourchette pour casser grossièrement le jus de raisin congelé.
- Couvrir et remettre au congélateur pendant encore 8 heures ou jusqu'à ce que complètement gelé.
- Utiliser une fourchette pour gratter les granités en cristaux grossiers. Couvrir et remettre au congélateur pendant 1 heure.
- Diviser le granité de raisin rouge et le granité de raisin vert entre les verres de service et servir immédiatement.

Faits nutritionnels:

Calories: 455kcal, Glucides: 107 g, Protéines: 2g, Sodium: 10.5mg

52. Kiwi Rafraichissant

Description:

La recherche suggère que les personnes qui mangent une diète faible en vitamine C peuvent avoir un plus grand risque de développer certains types d'arthrite. Le Kiwi est l'un des aliments riches en Vitamine C!

Ingrédients:

- 1/2 tasse (110g) de sucre en poudre
- 1/2 tasse d'eau bouillante (125ml)
- 4 kiwi dorés et 4 kiwi verts
- 1/3 tasse (80 ml) de jus de citron vert (à partir de 3-4 citrons)
- 1/2 tasse de feuilles de menthe
- 2 tasses de cubes de glace
- 1 tasse (250 ml) d'eau gazeuse

Préparation:

- Dans un grand bol, dissoudre 1/2 tasse (110g) de sucre en poudre, 1/2 tasse (125 ml) d'eau bouillante, puis placer dans un bain de glace ou dans un réfrigérateur pour refroidir.
- Peler et hacher grossièrement 4 kiwis dorés et 4 kiwis verts, puis mélanger jusqu'à consistance lisse avec le sirop refroidi.

- Ajouter 1/3 tasse (80 ml) de jus de citron vert, 1/2 tasse bien tassée de feuilles de menthe et 2 tasses de cubes de glace.
- Verser dans un pot et ajouter 1 tasse (250 ml) d'eau gazeuse, ou diviser entre les verres et les remplir avec du vin ou de l'eau. Servir avec de la menthe supplémentaire.

Faits nutritionnels:

Calories: 92kcal, Glucides: 18g, Protein: 1g, Sodium: 9,6 mg

53. Pause Kiwi

Description:

Mangez du kiwi et obtenez de la vitamine C dans votre petit-déjeuner. Le temps de commencer une nouvelle journée!

Ingrédients:

- 4 kiwis, pelés, hachés
- 1 poivron rouge, coupé en deux, épépiné, coupé en morceaux de 1 cm
- 2 échalotes, bouts coupés, tranchées finement
- 1/3 tasse de coriandre fraîche, hachée
- 2 cuillères à café de jus de citron vert frais

Préparation:

- Placez les kiwis, le poivron, les échalotes, la coriandre t le jus de citron dans un bol en verre ou en céramique.
- Assaisonnez avec du sel et du poivre.
- Remuer doucement et bien mélanger.

Faits nutritionnels:

Calories: 56kcal, Lipides: 0.5g, Glucides: 11g, Protéines: 2g

54. Soupe mexicaine aux haricots

Description:

Les haricots sont chargés de fibres et phytonutriments qui aident a baisser le CRP, un indicateur d'inflammation trouvée dans le sang. Les haricots sont également une excellente source de protéines bon marché, avec environ 15 grammes par tasse, ce qui est important pour la santé des muscles.

Ingrédients:

- 1 cuillère à soupe d'huile d'olive
- 1 oignon, haché
- 1 gousse d'ail écrasée
- 2 1/2 tasses de bouillon de volaille biologique
- 400g de morceaux de tomates
- 2 cuillères à soupe de pâte de tomate
- 420g de fèves, égouttées
- 1 petit poivron rouge, haché
- 1 petit poivron vert haché
- 1 cuillère à café d'assaisonnement mexicain
- feuilles de basilic frais, pour servir

Préparation:

Placer l'huile, l'oignon et l'ail dans une grande casserole à feu moyen-élevé. Cuire, en remuant, pendant 1 à 2 minutes ou jusqu'à ce qu'ils soient ramollis.

- Ajouter le bouillon, les tomates et la pâte de tomate. Porter à ébullition. Laisser mijoter pendant 10 minutes.
- Ajouter les haricots, le poivron et l'assaisonnement. Cuire pendant 5 minutes. Assaisonnez avec du sel et du poivre. Verser dans des bols et garnir de feuilles de basilic frais.

Faits nutritionnels:

Calories: 742kcal, Fat: 6g, Carbs: 20g, Protéines: 8g, Sodium: 1155mg

55. Soupe de l'Après-midi

Description:

La carotte obtient sa couleur distinctive des caroténoïdes comme le bêta-crypto xanthine. Manger des aliments riches en bêta-crypto xanthine pourrait réduire vos risques de développer une polyarthrite rhumatoïde et d'autres états inflammatoires.

- **Ingrédients:**
- 1 cuillère à soupe d'huile d'olive
- 1 poireau, coupé en deux sens de la longueur, en tranches minces
- 6 carottes pelées, hachées
- 1 pièce de 4cm de gingembre, pelé, râpé
- 2 tasses bouillon de légumes sel réduit
- 2 tasses d'eau
- Crème sure légère, pour servir
- Aneth frais, pour servir
- Toast, pour servir

Préparation:

- Faire chauffer l'huile dans une grande casserole à feu moyen. Ajouter le poireau, les carottes et le gingembre. Cuire à découvert, en remuant de temps en temps, pendant 8 minutes, ou jusqu'à ce que les légumes commencent à ramollir.

- Ajouter le bouillon et l'eau dans la casserole. Couvrir. Porter à ébullition. Réduire à feu moyen-doux. Laisser mijoter, à couvert, pendant 20 minutes, ou jusqu'à ce que les carottes soient très tendres.
- Retirer du feu. Laisser refroidir légèrement.
- Mettre au processeur ou mélanger la soupe jusqu'à consistance lisse. Remettre dans la casserole.
- Chauffer sur feu moyen-vif jusqu'à ce que chaud. Assaisonnez avec du sel et du poivre.
- Verser la soupe dans des bols. Garnir de crème sure et d'aneth. Servir avec du pain grillé.

Faits nutritionnels:

Calories: 97kcal, Fat: 5g, Glucides: 8g, Protein: 2g, Sodium: 520mg

AUTRES TITRES PAR LE MEME AUTEUR

70 Recettes de repas efficaces pour la Prévention et la Résolution de vos problèmes de surpoids: brûler des calories rapidement à l'aide d'un régime approprié et une nutrition intelligente
Par
Joe Correa CSN

48 Recettes de Repas pour l'élimination de l'acné : La voie rapide et naturelle de correction des problèmes d'acné en 10 jours ou moins!
Par
Joe Correa CSN

41 Recettes de Repas pour la Prévention de l'Alzheimer: réduire le risque de la maladie d'Alzheimer de façon naturelle!
Par
Joe Correa CSN

70 Recettes de Repas efficaces contre le cancer du sein : la prévention et la lutte contre le cancer du sein avec une nutrition intelligente et des Aliments puissants
Par
Joe Correa CSN

www.ingramcontent.com/pod-product-compliance
Lightning Source LLC
Chambersburg PA
CBHW070152080526
44586CB00015B/1951